시인의 말

밤과 낮은 질서 있게 반복된다.
벽에 걸려있는 짙은 노란 옥수수들은 묵묵히 계절을 견디는데
나는 소중한 하루하루를 툴툴거리며 시끄럽게 건너왔다.
첫 개인 시집을 준비하면서 작은 위안도 얻었지만,
옥수수 알이 떨어져나간
마른 옥수수처럼 형편없이 살아온 날들이 낱낱이 보여
부끄러웠다.
수도 없이 써온 '시를 쓰는 이유'가 갑자기 증발하였는지
갈피를 못 잡고
흔들리는 나를 보며 간신히 마무리를 하였다.
동인시집을 냈고, 개인시집을 낸다.

시창작과 비평에 대한 공부를 하면서, 그 냉정함이란 심장을
바늘로 찌르는 것이고, 엄격한 김사인 시인의 수업들이 시적
토대를 만들어 지금의 내가 있다.
내가 믿는 것은 한국의 문장은 너무 아름다워서 눈물이
난다는 것이다.
'서술어'의 어감들이 나를 미치게 한다는 것이다.
번역이 될 수 없는 한국의 문장 맛은, 한국인으로 시를 써야
그 맛을 알 수 있다.
그 담담하고 밋밋한 문장에 숨겨진 미학과 정서가 불씨처럼
살아나, 심장에 번지는 느낌이, 시의 참 맛이라고 나는 믿고
싶다.

2017. 10.

차 례

2 • 나무를 생각하며
4 • 가을 속으로
6 • 심구(心垢)
8 • 남자들도 꽃을 키운다
10 • 이사
12 • 바다
14 • 강을 건너 본 사람은 안다
16 • 선택
18 • 작은 새
20 • 봄
22 • 아버지와 얼룩말
24 • 담배
26 • 난초(蘭草)
28 • 해안가 사찰(寺刹)
30 • 말하지 않는 슬픔
32 • 찌그러진 생각
34 • 8시
36 • 사원의 풍경
38 • 사랑
40 • 2014년 유언비어(流言蜚語)
42 • 밥
44 • 페르시안 도자기
46 • 묵은 김치
48 • 교각(橋閣)

새벽 두 세 시 사이에 네가 있다

김천겸 시집

50 • 빈터
52 • 방학사거리
54 • 도미 매운탕
56 • 압록강
58 • 압록강 2
60 • 압록강 3
62 • 압록강 4
64 • 압록강 5
66 • 강
68 • 강 2
70 • 강 3
72 • 아욱국
74 • 실외기(室外機)
76 • 눈빛
78 • 벽돌
80 • 이순신을 생각하다
82 • 몸
84 • 시인의 길
86 • 새벽 두 세 시 사이에 네가 있다
88 • 불면(不眠)
90 • 닿을 수 없는 바다
92 • 화살
94 • 의자와 탁자
96 • 지랄 발기(勃起)
98 • 전단지
100 • 나무가 내게 말했다

나무를 생각하며

나는 단단히 뿌리를 내리고
있었다고 생각했습니다.
몸통도 두껍고 튼튼하여
바람이나 태풍에도
강하다고 생각했습니다.
뜨거운 태양도
무겁게 내리는 눈에도
수많은 가지와 잎사귀로 견디는데
문제가 없다고 생각했습니다.

그렇게 많은 날들이 지나고
그렇게 많은 달들이 지나고
그렇게 많은 해들이 지나도

오늘까지 그렇게만 생각하고 살았습니다.

뿌리를 내려야 하는데
아스팔트 위에서 살아가는 나를 본다.
그렇게 많은 세월을 살았는데 아직도 뿌리가 없다.

가을 속으로

낡은 빗자루로 욕망을 쓸어 담고
사랑스런 애인을 보냈다
흔들어도 흔들리지 않는 세상
듬직한 낙엽 하나가 이마를 때리니
난 속절없이 무너졌다
여름 내내 낭비한 감정을 추스르고
밀어내는 가을 속으로 들어간다.

매년 가을 입구는 화사하게 반기지만
가을 속으로 가면 무언가 기다리고 있다
무섭고 두려운 일이지만 다른 방도가 없다.

심구(心垢)

몸의 때를 밀고나면 시원하다
마음의 때도 고백처럼 밀어내면 시원하다
그런데,
안 밀린다.
털어내고 싶어도
밀리지 않는 무거움

눈 내리면
어깨도 무거운 세상

가슴에 창이 박히듯 아프다고
말하지 말자

시간은
기차가 역전에 들어오듯
밀고 들어온다.

가만히 있으면 떠내려 갈 것 같은 시간들
나를 밀고 들어오는 것들은 많은데
내가 밀고 들어가야 하는 것들은 움직이지 않는다.

남자들도 꽃을 키운다

새벽에 일어나 할 일없이 산책하다
누가 놓고 간 노란 꽃을 보았다
소음 없는 길에서 만난 꽃은 울었다
가슴에서 키우던 꽃들도 소리 내어 울었다

어릴 적 튀김 3개를 훔쳐 먹다
감옥 간 친구가 떠올랐다
자살한 친구도 꽃을 좋아했다

사랑은 꽃이 시들면 버리는 것이다
죽은 아버지를 흔들었던 꽃은 무엇이었을까

도시에는 꽃을 키우는 남자들이 늘어만 간다.

여자들은 꽃을 키우며 바라보지만
남자들은 꽃을 키우며 가슴에서 꺼내지 않는다.

이사

슬픔이 이사를 가면
그리움이 이사를 온다

지저분한 새벽일수록 쾌락적인 시간을 보낸 그날 밤이 붙잡고
놔주질 않는다.
시가 없었다면 버틸 재간이 없는, 무수한 혼란의 밤들,
위대한 밤과 새벽들, 당구대를 튕겨져 나간 당구알처럼,
바닥보다 단단한 영혼은 빈 틈 없다.

바다

바다는 늘 그대로 있고
사람은 늘 사연을 가지고 온다
바다에 가까이 가면
바다는 더 멀어지고
파도는 오지 말라 밀어 낸다
산도 마찬가지라 생각해서
집으로 갔다

마음은 시도 때도 없이 변하고
바다로 가도 산으로 가도
찾는 것은 보이지 않는다.
그래도 길을 나서는 것은 몸보다 마음이 빠르다.

강을 건너 본 사람은 안다

이 강 저 강을
건너 본 사람은 안다

발밑에 세느강은 눕고
갠지즈강이 운다

말이 없는 압록강

하나의 강을
맨 몸으로 건너본 사람은
모든 강의 압력을 안다

삶의 무거움도
모든 강에 흐른다는 것을……

* 스승의 날 김사인 선생에게 쓴 헌시

인사동 술집에서 선생과 중국에 함께 갔던 여행을 이야기 하다가
감정이 고조되어서 즉석에서 헌시를 바치니 선생은 기뻐하셨다.

선택

잠에서 깨어나 나에게 물었다
주체적인 삶이냐
안락한 삶이냐

사랑하는 사람에게 물었다
주체적인 사랑이냐
안정적인 사랑이냐

아내가 나에게 물었다
사랑이냐
투쟁이냐

다시 이불속으로 들어갔다

이불속에서 박차고 나와도
삶의 현장은 빈틈이 없다.
나약하고 준비가 덜 된 주장과 구호는
큰 바람에 날려간다.
책 몇 권에 삶이 달라지는 것은 없다.
여자는 세상사 속속들이 몰라도
남자의 빈틈은 잘 알고 있다.

작은 새

새장을 들고
야산에 오르니
눈이 내린다.

작은 새
날아오르고
어둠도 내린다.

다 멈추고
눈만 내린다.

새를 키우면 좋다고 해서
한 쌍을 몇 달 키우다
눈이 내리던 저녁
야산에 가서 날렸다.
죽을 줄 알면서도.....

봄

화장품 냄새 나는 봄이
스타킹을 신고 왔다
새우깡이 맛있는 봄
냄비뚜껑보다 들썩이는
봄이 오면
밤이 좋다

봄은 시각보다 냄새가 더 빨리 도착 한다.

아버지와 얼룩말

낡은 가방을 둘러맨 남자는
공중전화기에 "사랑해, 사랑해!" 소리치다
전화를 끊고 순대국 식당으로 들어갔다

하이에나들이 항문부터 뜯어먹어도
얼룩말은 소리 내지 않고 눈만 깜박 거린다
마침내, 모든 내장들이 쏟아지면
옆으로 쓰러진 얼룩말은 눈을 감고
하이에나들은 맛있게 뜨거운 피와 내장을 먹는다

남자는 때가 낀 손가락으로 코를 닦으며
표정 없이 티브이를 보면서 소주를 마신다
순대국 잡고기를 먹는 남자는 흐릿했다

아버지 없이 자란 내가 늘 걸리는 것은 아버지의 무게감이다.
병적으로 딸 하나를 사랑하는 내 모습에 아버지는 겹치게 된다.
노동으로 사는 남자들은 아버지라는 무게를 지고 살아간다.
가끔 그런 남자를 마주치면 앞이 흐려진다.

담배

모두 다 떠나도
내 곁을 지켜주는 너
조용한 화장실에서
너의 몸을 만지고
너를 빨아댄다

흥분한 내가
기댈 곳은 너 뿐이다

너보다 예쁜 몸에
시선을 두지 않는 것은
오래도록 너를 만졌음이다
내 손에 익숙한
너를 놓지 못함이다

결핍으로 빨아대고
갈증으로 빨아대도
담배는 줄어들지 않는다.
반복되는 작은 욕망

난초(蘭草)

너를 보기 전에
세상에 꽃이 전부인 줄 알았다.
날카롭게 뻗은 너
입술로 후~하고 불면
하늘거리고
매끈한 너의 몸에
거친 내 손이 닿으면
전율이 온다.
바라만 보아도
견딜 수 없는
나

오래된 나무 의자를 좋아하지만
아무 의자나 좋아하는 것은 아니다
그 중에 특별히 나를 끄는 것은
반들거리고 튼튼한 나무 의자다.
생명을 가진 난을 보는 안목이 내게는 없지만
아름다운 사람을 통해 난을 떠올리는 감각은 있다.

해안가 사찰(寺刹)

파도가 높은 해안가 옆
돌탑으로 둘러싸인 사찰
발목 문신을 한 여성이
부처님께 절을 한다.

절을 할 때마다
도마뱀 문신은 꿈틀거리고
뜨거운 태양
달궈진 몸
알 수 없는 향
짠 바다 냄새
다시,
산으로 가야 했다.

좋아하는 절(도선사)을 자주 가지만
해안가 절은 부산이고
문신한 여자는 절에 없고
나의 상상만 절에 있다
향냄새는 중국에서 왔다.
존재하는 여러 것을 연결했다.

말하지 않는 슬픔

뜨거운 여름 오후에 순대국밥을 먹고
빈곤한 상상력의 강사가 떠드는 강의를 들었다.
새벽에 술집 여자는 끝내 고향을 말하지 않았고
친구는 굶주린 정서를 해갈하기 위해 무언가를 딜
했다.
참새가 날아다니지 않는 도시에 사람들은 참새를
닮았다.
어쩌다보니 말하기 힘든 것들이 쌓이고 쌓여 병이
된다.
후배는 오늘도 쓰지 못하는 글을 붙잡고 밤을 새울
것이고
오지 않는 女子는 계속 전기밥솥처럼 뜸을 들일
것이다.
말하지 않는 것들이 압력솥에 눌려있다 한 번에 나를
놀라게 할 것 같다.

밥을 먹기 위해 간단한 계란찜을 하면서,
생선 조림도 아니고 새우젓만 넣으면 되는 간단한 것인데도,
까닭 없이 슬프고 서러운 생각이 냄비 끓는 소리마냥 번진다.
산다는 것
살아야 하는 이유
어찌 살아야 잘 사는 것인지
밥솥에서 소리가 났다.
이제 먹어도 좋다는, 밥을 먹는다.
슬퍼도 배는 고프기 때문이다.

찌그러진 생각

소주를 물처럼 마시는 남자와
차를 마시고

차(茶)를 우아하게 마시는 여자와
소주를 마셨다

커튼을 걷어내자 여명(黎明)이 드러났다
적당히 지독한 허무(虛無)가 뱀처럼 감기고
나를 닮은 찌그러진 종이컵을 보았다

가끔씩 리듬이 바뀌는 경우가 있다.
늘 가던 길을 가지 않고 다른 길로 가면
생각만큼 불편하지 않고
생각만큼 위험하지 않다
매일 비슷한 밤이지만
두껍게 느껴지는 어둠이 있다
매일 그렇지 않아서 산다.

8시

지상에 도착한 위대한 어둠을 바라보며
8시가 되기를 기다리고 있다.
답답한 상태에 빠진 뉴스들과
해결되기 쉽지 않은 눈물로 된 뉴스들과
불안과 혼란과 피로가 쌓인 날들 사이로
가을 모기 몇 마리는 열심히 날아다닌다.
문자가 있어도 읽고 쓰지 못하는 사람들
돈은 넘치고 넘쳐도 쓰지 못하는 현실들
멋진 싱글들은 많아도 연애가 없는 나날들
8시가 되어도 해결되는 것은 없고
집으로 가는 길은 멀기만 하다.

사회가 어지럽고 흔들릴수록 글쟁이들의 글은 무력하다. 글의
수사학으로 갈등과 불안을 덮을 수는 없기 때문이다. 글의
내용과 방향, 기운이 읽는 이들에게 전달이 되기 때문이다.
저마다 내놓는 처방이 임시방편이거나 시류에 편승하는 한
쪽이거나 하니 더욱 맥이 빠질 뿐이다.
늘 깨어 있는 사람들을 우리는 존경하고 따르지만 그들의 일상은
우리와 다르게 강인한 반복과 욕망의 억제이다.

사원의 풍경

두 손 모아
하늘을 쳐다보니
거대한 노란 숲이
일시에 밀려왔다.

바다 밑을 담은 눈빛
새들은 모든 소리를 거두고
하늘로 올랐다.

무겁지 않은 넓은 침묵들
몸부림치는 퇴폐와 음란
회색 강아지의 꼬리
사라지지 않는 작은 의문들
적(敵)을 만난 긴장감

작은 종을 흔들자
새들이 일제히 지상에 내려온다.

어느 곳을 여행하든지 종교에 상관없이 사원을 찾는다. 사원의 풍경은 각각 다르지만 침묵과 느낌들은 평온하다. 소음에 민감한 나는 사원이 좋다. 잃어버린 것들이 사원으로 모여서 나를 기다린다.

사랑

뜨거운 여름 한 낮
지치도록 걸어보면
많은 것이 버려진다.

결국,
쓸모없는 것들을
지니고 살아온 것

버리고 비워내면
다가오는 소중한 하나
그것이
사랑이다.

버리고 비워내는 것은 어렵고 슬프지만
그러지 아니하고 얻을 수 있는 것은 낙엽들뿐이다.
뿌리내린 나무가 없고서야 낙엽이 있을 리 없다.

2014년 유언비어(流言蜚語)

성욕이 급속히 줄어든 것은
이 정권 들어 분명하다.
내가 할 수 있는 저항은
유언비어를 퍼트리는 것이다.
급속도로 줄어든 성욕만큼
급속도로 퍼트려 무혈입성 하는 것이다.
소문이 사실인가는 중요하지 않다
이 정권은 사실도 소문으로 만든다.
나에게 유죄가 증명되어 감옥에 간다면
더없이 영광으로 받아 들일테다.
유언비어가 저항의 수단이라니
비참하지만 음모론보다는 낫다.
그게 그거라고?
음모론은 멀리가지 못하지만
유언비어는 멀리 간다고 하더라.
어느 유명한 여배우도 지지하리라 믿는다.
이순신도 세종대왕도 지지하는 눈빛이다.

수많은 음모론이 난무하는 정권에서 피로는 쌓여갔다.
음모론을 생산하는 가벼운 무리들과 섞여 살며 그들을 내치기
힘든 것은 가끔씩 그 중의 일부들이 사실로 드러나기 때문이다.
미래는 좁고 과거는 음모론이 가득하다. 체념이 지배하던 더러운
9년.

밥

다 된 밥은 먹거나
뒤집어 주지 않으면
미안하다

순결하게 하얀 밥이라서가 아니라
뜨겁게 밥으로 변해서가 아니라
그냥 미안하다

하얀 배를 뒤집어 주면
서로가 엉키고 뭉쳐 부드러워진다

먹지 못한 전기밥솥의 밥은
기다리고 기다리다 굳어간다

밥에게 잘못한 거 없는데
늘 미안한 마음은 어디서 온 것일까

먹지 않는 밥
먹지 못한 밥
밥은 누구를 몹시 닮았다

처음에는 따듯하고 좋았는데
시간이 가면 노랗게 변하고 딱딱해진다.
나중에 외면하고 버리는 밥
냄새나는 누런 밥을 버릴 때마다
왠지 미안해진다.

페르시안 도자기

무엇을 담기 위해서가 아닌
너를 만들기 위해
그토록 정성을 들인 것은

너의 아름다움을 위해
많은 시간이 필요했다

집안 어느 곳에
있어도
스스로 빛나는 너

상대가 누구든지 간에
정성을 들이면 빛이 난다.
빛이 나는 순간부터
정성을 들인 사람은
또 다른 이들에게
빛이 되는 존재가 된다.

묵은 김치

처음엔 살이 하얗다가
푸른 속살로 갈아입고
이내 세상의 온갖 맛으로
버무려진다.
짠맛, 매운맛, 신맛, 달콤한 맛
항아리에 들어가
묵언수행을 하고
아무도 찾지 않는 고독으로
아무도 오지 않는 절망으로
얼었다 녹았다를 반복한 후
시큼하고 쫀득한 맛이 되어
너를 먹는 사람은
못 잊어 다시 찾는다.

기다림의 미학 중에 김치도 있다. 새 김치도 맛있지만 밀폐된 공간에서 혼자서 고독을 즐기다보면 찾는 사람이 많아진다. 다가서기 훈련도 중요하지만, 오지 않는 사람을 탓하지 않고 묵묵히 있다 보면, 제 맛이 날 무렵 진짜가 온다. 비록 늦어도 그 가치를 알아주는……

교각(橋閣)

흰 교각에 달빛이 스며들 때
천천히 다리를 건너면
달이 따라 옵니다.

반달을 닮은 교각사이로
개울은 흐르고
커다란 눈물도 흐릅다.

중간을 건너다
잠시 멈추어
뒤돌아 달을 보면
당신얼굴도 있습다.

돌로 쌓은 다리는 튼튼하다.
반원형의 다리 아래로 개울이 흐르고
지나는 사람, 밑에서 바라보는 사람
모두 다 아름다운 풍경이다.
폭우가 와도 다리는 무너지지 않고
다 흘려보내는 돌다리를 보면 든든한 마음이다.

빈터

아홉 명의 테니스를 위해
빈터에는 철조망 담장이 있었다.

일주일 전까지
번거롭고 시끄러운 주말을 보냈다.

12층에서 바라 본 나는
그들의 운동을 바라보며
균형을 생각하거나
이명박을 생각하고는 했다.

아파트 동대표가 위임받아 철거한
시원한 빈터를 바라본다.

詩가 들어 있는 빈터를

아침저녁으로
주말 오전 오후로
소음이 가득했던 테니스장이
새로 당선된 아파트 주민대표가
투표로 주차장을 만들었다.
주차장이 들어서기 전까지
아이들이 놀고 빈터로 남아있던 그곳이
10명도 안 되는 회원들의 놀이터였다.

방학사거리

역주행하는 배달 오토바이
스타렉스는 횡단보도에 쪼그려 앉아있는
아줌마를 태우고
다음 노래방으로 가고

날렵한 솜씨로 순대볶음을 하는 저 여자도
과거에는 화려한 연애를 하였을 것이고

검은 브라끈이 매력적인 여자도
버스에서 내려 집으로 간다.

방학천을 따라 분홍간판 방석집들은
오늘도 지친 남자들을 유혹한다.

목사님! 자건거 역주행하면 위험해요.

밤 풍경이 낮보다 쓸쓸한
방학사거리는 넓고
그 밑으로는 방학천이 흐른다.
교통사고도 자주 일어나고
유해업소 방석집과 노래방도 많고
작고 낡은 교회도 많은 곳이다.

도미 매운탕

두꺼운 비늘을 손질하고
깔끔한 내장을 들어내니
튼실한 몸통만 남았다

숟가락 들어 맛을 보니
맑은 탕 국물은 개운한데
도미보다 못한 정신이 슬펐다

시가 길어야 할 필요는 없다
시가 모호해야 할 필요는 더 없다
직선으로 나가도 흔들리지 않고
메시지가 전달되면 시가 된다.
감동은 각자가 챙기는 몫.

압록강

압록강의 물살은 빠르고
바람은 남자의 손보다 차갑다
강을 사이에 두고
조선과 중국은 냉랭하다
매일 해는 뜨고 석양은 진다
압록강의 물결은 서해로 흘러가고
나는 아직 어린아이 발걸음이다
압록강을 날아가는 새처럼
영혼을 믿는다.
오랫동안 저 강을 믿으며
살아온 사람들처럼

중국 단둥에서 살던 4년 동안
매일 강변을 산책하며 생각했다
압록강은 깊고 빠르게 흐른다는 것을.

압록강 2

몇 년이 흘러도
내 가슴엔 아직도
어둠으로 흐르는 압록강

무겁게 흐르며
강가로 오라하던
강물소리가 싫었다.
달빛에 출렁이던
초라한 배들이
나를 흔들어 싫었다.

가벼운 뺨, 좁은 이마를
찰싹 찰싹 때리는
어두운 강이 싫었다.

하지만, 그 강이 다시 흐른다.

바다는 모든 강을 거부하지 않는 여유가 있지만
강은 천천히, 때론 급하게 바다를 찾아 간다.
강변을 산책하다 보면 많은 것들이 함께 흐른다는 것을 느끼게
된다.
잔잔하게 흐르는 강변을 걸을 때와 급류로 흐르는 강변을
걷다보면, 그 차이가 무엇인지 알 수 있다.
압록강은 내게 무거운 강이다.

압록강 3

건널 수 없는
압록강 다리에서
불을 붙였다
멍이 든 가슴에서
하얀 연기가 독하게 나왔다

머무르지 않고 흐르는 강물은
나에게 돌아가라 한다

기다림은 안개가 되어
사정없이 달려들었다
방향을 잃어버린 나는
따듯한 안개가 좋았다
가만히 있어도 마냥 좋았다

강물은 너
안개는 나

커다란 황금빛 잉어가
어른거렸다

풍경은 살아있는 물고기처럼
눈앞을 왔다 갔다 한다.
무서운 깊이와 물살로 흐르는 압록강은
밤이 되면 소리도 무섭다.
흐르고 흘러도 우울은 떠내려가지 않는 압록강.

압록강 4

새들도 찾지 않는
한강에는 흐르지 않는 것들이
압록강에는 흐른다.

건너지 못한 혼(魂)들이 흐르는 강
바라보기도 힘겨운 아름다운 강

한강보다 맑고 차가운 압록강에는
깊은 사연도 함께 흐른다.

산책도 무거운 강변
바람이 세게 불어온다.
달빛도 차가운 압록강이 그립다.

백석도 나라 잃고 걸었던 압록강변을 나도 늘 걸었다. 그가
생각했던 나라는 무엇이었을까. 그가 가장 그리워했던 것은
무엇이었을까. 아직도 통일은 요원하고, 아름다운 몸과 마음을
가진 조선(북한) 여자들은 행복할까. 수많은 의문들을 가지고
산책하였던 나날들.

압록강 5

얼음이 풀린 강 위로
새들은 휘휘 울어대고
조선의 선비들이 산책하며
휘적휘적 걸었을 강변
깊이도 알 수 없는 강바닥엔
도강하다 죽은 이의 물건들이
금빛 잉어들과 뒤섞여 놀 것이다.

단동에 살 수 있었던 것은
고이지 않는 비애가 압록강에
떠내려가기 때문이고
누군가를 그리워 한 마음들이
압록강 바닥에 출렁이다가
햇살에 눈부시게 반짝이기 때문이다.

유람선을 타고 신의주 근처를 몇 번 가 보았지만 수영을 해도 된다면 압록강 바닥을 보고 싶었다.
저 강을 건너기 위해 얼마나 많은 사람들이 죽고, 소중한 물건들이 강바닥에 쌓였을까 궁금했다. 언젠가는 강바닥을 보는 그런 날이 올 것이다.

강

가벼움이 세상을 지배해도
강의 흐름은 바뀌지 않는다.

비가 많이 오면 넘치고
비가 적게 오면 줄이고

건너지 않는 사람을 탓하지 않고
말없이 흐른다.

그 자리를 흐르는 강은 아름답다

페이스북 친구로 만나서 2013년 박남철 시인에게 쓴 헌시.
고 박시인께서 기뻐하시며 자신의 담벼락에 링크한 시. 늘
유쾌하고 호통치시던 모습이 눈에 선하다.
시인의 마지막은 늘 쓸쓸하지만 시간이 지나면 그리움으로
남는다.

강 2

강을 따라 걸으면
생각나는 너도
따라오고
강을 건너면
이별만 생각난다.

나는 이리 멀쩡하고
너는 이리 소식 없다

강을 따라 걸으면
가슴 저려 휘청대고
강을 건너면
이별만 생각나니
난 참 못났다

압록강 때문이기도 하지만 평소에 강을 좋아하던 습관이 강에
대한 시를 많이 쓰게 된다.
어머니는 강이다. 배 속에서 자라서 아이가 되어 물속에
들어가면 사람은 편안함을 느끼게 되는 이치와 같다. 개울이나
작은 강을 보면 몸이 이끌려 물에 들어가 보고 싶은 본능. 하지만
강은 늘 경계이기도 하다. 너와 나를 나누는 경계. 마주보는
지점이기도 하다. 그래서 다리가 필요하고 사랑은 거기서
시작된다.

강 3

사람들은 누구나
슬픔의 강을 갖고 있다
그 강을 건너지 못하는 사람
그 강을 건너와 바라보는 사람
그 강을 건너다 익사한 사람
죽어야 우린 그 강으로 떠내려간다.

기쁨의 강은 없다.
농사를 위해 삶을 위해 강은 생명의 근원이다.
모든 강은 슬픔을 흘려보낸다.
이별의 상징이자 돌아갈 고향의 향수.
죽어서 재를 뿌리는 곳.

아욱국

새벽바람은 닭처럼 울어대고
ㄱ자 할머니는 리어카를 끌며
폐지를 줍고
나는 큰 고양이마냥 집에 들어와
아욱국을 끓였다.

호박, 무, 양파를 쓸어 넣고
된장을 풀고 고추장도 풀고
간을 보다 멸치도 더 넣었다.
북방에서 가져온
명태 대가리도 잘라 넣으니
맛이 제법이다.

북방에서 온 것은 바람도 그렇거니와
압록강변을 산책하던 시인도 오고
강 급류에 빠져죽은 혼들도 온다.

집 근처 바람도 피해가는 연산군묘
김수영 문학관의 초상화
팔백년을 저항한 은행나무

아욱국을 먹다 눈물이 목으로 넘어왔다.

취미인 요리를 하다가 명상처럼 깨달음이 올 때가 있다.
생각의 파도를 타다 가끔 눈물이 난다.
어머니도 누나도 그랬을까 생각이 든다.
요리와 눈물이 궁합이 잘 맞기도 하고 아니기도 하다.

실외기(室外機)

한 방울 두 방울
힘겹게 떨어지는
너를 보다가

심장 박동이
헝클어지고
눈이 흐릿해지자
너를 닮은 사람이
생각났다

나는 안에 있고
너는 밖에 있다

정신도 혼미해지는 한여름 낮
실외기의 힘겨운 소리와 쥐어짜서 나오는
미지근한 물을 보며
입장의 차이, 관점의 차이가 생각났다.
누군가의 희생 없이 쾌락은 없다.

눈빛

시선 하나도 놓치지 않고
바늘처럼 찌르고 들어오는
저 것
숨 쉴 틈도 없이
훑어대는

때론 창보다 날카로운 시선을 만나면
몸을 숨길 데가 없다는 것을 인식하게 된다.
옴짝 달짝 못하게 만드는 눈빛을 보면 상대에게 압도되거나
항복하게 된다. 사람이 만나는 순간, 눈빛을 먼저 보는 것은
그래서이다. 사랑스런 눈빛은 온 몸을 빨아들이는 흡인력이
있고, 압도하는 눈빛은 맥을 추지 못하게 한다.

벽돌

성벽이나 담에서 빼어낸 벽돌은 강하지 않다.
다른 벽돌과 의지하고 있어야 강하게 된다.
詩는 벽돌 홀로 빛나야 한다.

벽돌 하나는 강하거나 아름답지 않다.
여러 벽돌이 모여서 담을 만들고 성벽을 만들면
아름답고 강해진다. 고궁의 미는 성벽과 지붕이다.
그 다음이 정원이라고 할 수 있다.
벽돌 하나로 존재하면 초라하고 보잘 것 없다.
시는 벽돌 하나로 빛나야 한다. 그래서 시가 어렵다고 한다.
그래도 빛나는 시는 우리 곁에 존재한다.

이순신을 생각하다

이순신이 군율을 어긴 장졸들의 목을 베지 않고서
신식 왜군을 연전연승으로 이길 수는 없었을 것이다.

재판도 없이 즉결처분 참수하는 마음을
밝은 달을 보며 다스렸을 것이다.

곤장을 치고 옥에 가둔다고 해결 될 일이 아니니
마음은 굵은 소금 같았을 것이다.

사람이 죽는다고 다 슬퍼하진 않는다.
부모가 늙고 병들어 죽어가도 이리 슬퍼하지는 않는다.
이건 슬픔이 아니라 위선이다.
우리 안에 숨은 위선들을 모조리 베어야 한다.

세월호 사건이 나고 시민 모두가 참담한 슬픔에 빠졌다. 대부부의 정치인은 무력하거나 자신의 안위만 생각하는 날들이었다. 지식인이라는 자들은 슬픔을 달래주어야 함에도 그러지 못했다. 일부 지식인들은 향후에 대한 고민은 없이 세월호의 슬픔을 당장이라도 해결할 것처럼 큰소리로 말을 하고 글을 쓰는 것을 보면서 대다수의 사람들은 더 슬펐을 것이다. 큰 슬픔을 마주하면 의지할 곳이 없다는 절망이 뒤따르고 그것이 비극으로 굳어진다.
교황 방문에 사람들이 그토록 큰 관심을 보인 것은 한국에 그런 슬픔을 달래줄 위인이 없다는 더 큰 슬픔이었다.

몸

명치끝이 아픈 날
눈물대신 비가 내린 날
무릎이 풀려 휘청거린 날
몸을 받아 줄 누군가 필요한 날

때리지 않아도 몸은 아플 수 있고
마음보다 몸이 먼저 아픈 것은
몸과 마음이 하나라는 증거다.
몸을 받아줄 누군가 있어야 세상은 따듯하고
몸이 잠들어야 마음도 쉰 다는 사실이다.

시인의 길

시인이 된다는 것은
싸워야 할 것들에 대하여 먼저 싸우는 것이며
싸우지 않는 것들에 대하여 싸우는 것이며
피하는 것들에 대하여 맞서는 것이다.
그것은
관심의 유무
관심의 크기
참여의 대소
싸움의 시간과는 상관이 없다.
물론, 승패와 상관없는 일이다.

승패와 관계없이 싸움을 해야 하고 멈추지 말아야 하는 경우가
있다. 그런 경우에 앞 장을 서는 사람이 시인이어야 한다고
생각한다.
손익을 따지고 실리를 따진다면 사람들이 바라는 정의와 상식은
기형적이고 왜곡되어 정신이 빛날 수가 없다. 무모한 싸움도,
승패가 분명한 싸움도, 해야 한다면 주저하지 않는 정신이
시인을 만든다.

새벽 두 세 시 사이에 네가 있다

어둠이 깊어지는 시간
새벽 두 세 시 사이에 네가 있다
소음이 가라앉는
그 시간 어디쯤에
네가 있다
난 그곳에 빠져버렸다

한동안 아침이 되어야 잠들고 하던 몇 년이 있었다. 어둠과
익숙한 시간들을 몇 년을 보내고 나니 새벽 2~3시 사이 어딘가에
평화로움이 머무는 곳이 있다는 것을 알았다.
그곳을 발견하면 거기서 기다리는 누군가와 대화도 하고 정리도
하고 쉬기도 한다. 내면의 자신과 만나기도 하는 그 곳에서.

불면(不眠)

어둠이 물러나는 여름 아침에 불면은 시작되고,
이집트의 피라미드와 거대한 석상들은 나를
오라했다. 창덕궁을 내려오는 인도에는 수행하는
남자들이 ㄷ형태로 잠을 잤고, 포장마차 거리에는
아름답거나 쓸쓸한 게이들이 가득했다. 돈으로
여자를 살 순 없었지만 관능이 넘치는 여자들은 돈과
권력이 필요했다. 압록강에 펄떡이던 잉어는 눈에서
아른거리고, 소리 없이 죽어간 아이들은 편백나무
잎으로 되살아나고 있었다. 불면은 나를 이집트로 끌고
가고, 화장실 변기에는 피가 가득 했다.
개 같은 하루가 지나면 강아지 같은 하루도 있었다.

창덕궁 앞길 2층에서 바를 했던 적이 있다. 오픈 한 날이
4월16일 배가 가라앉던 날이었다.
새벽 4시까지 술을 팔고 이야기를 하면서 시간을 보냈다.
게이들이 다니던 동네를 모르고 들어갔지만 게이들과
친해지면서 그들 내면의 아픔과 갈등 그리고 삶의 다른 한 편을
면밀히 바라보았다.
편견, 무지... 삶의 다양성을 배우기도 하였고, 이처럼 우리 삶은
비밀로 가득 차 있음을 생각했다.

닿을 수 없는 바다

좁고 답답한 한국을 떠나
대련에서 단동으로 차로 달리면
만주벌판 바람이 달려든다.
짙은 파란 밤이 도시를 덮는 단동
소수민족이 많은 국경도시
詩를 쓰게 만드는 여자
둘이나 셋 정도의 애인을 거느리는 여자
겨울바람을 닮은 카랑카랑한 목소리
찰랑찰랑 티벳 푸른 반지와 발찌

동강 하구 뻘에는 엉덩이가 큰 여자들이
뻘 속에 숨은 남자들을 꺼내고
강변 송도원 식당의 꽃들은
조개보다 단단하고 진주보다 예쁘다.
바다가 코앞이고
압록 강물은 물살이 빠른데
어둠보다 빨리 내리는 비를 모아도

바다에 닿지 못하는 강물
기어이 시를 쓰게 만든다.

나의 에너지가 가을에 빨려들어 가는지 가을은 밤낮으로
농염하다.
결핍이란 이런 느낌일 것이다.
손발이 묶여 사지가 맥을 못 추고 정신은 허 하기 그지없는,
단동에서 부는 바람이 서울에 도착하면 가을은 무력한 나를
낙엽으로 만든다.

화살

십 년 동안
삼천 개가 넘는 화살을 쏘아도
한 개도 맞히지 못했다
어느 날
스스로 갑옷을 벗은 너,
칼을 맞아도 좋을 것 같았다

대부분의 마음은 늘 상대를 비켜간다.
다가서면 물러나고 물러서면 다가오는,
간절하지 않아도 묵묵히 기다리면
소중한 감정은 눈처럼 쌓이고 쌓여
얼음이 된다.
그 얼음을 건너오는 사람이
갑자기, 옷을 벗으면 황홀한 느낌이다.

의자와 탁자

힘들고 지친 누군가에게
의자가 되고픈 마음

배고픈 누군가에게
잘 차려진 탁자가 되고픈 마음

흠집나고 삐뚤어진
의자와 탁자지만

아직은 딱지가 붙여진
재활용품이 되고 싶지는 않다

많이 피곤하고 지쳤을 때
누군가 의자가 되어 준다면 좋다.
나의 의자에 지금까지 몇 사람을 앉혔을까 생각해보니
잘 기억이 나지 않는다.
잠시 쉬어간 사람만 스치듯 기억난다. 잠시가 아니라 푹 쉬어간
사람이 있기를 바라며 더 튼튼한 의자가 되어야겠다고 다짐해
본다.

지랄 발기(勃起)

덜 익은 詩를 읽어보다
사과를 닮은 젖가슴을 생각했다
시집에 남아있는 혁명이란 단어를
야동 보듯이 음미했다
혁명과 발기는 닮았는지,
까닭모를 발기가 되었다
달라이라마를 붙잡고 발기를 진압하자
서서히 죽어가는 느낌에 황홀했다
난 음모(陰謀)를 좋아 한다
어떤 음모(陰毛)이던지 좋아 한다
이런 생각들을 지랄 발기라 부른다

시에 강렬한 단어를 삽입하면 위험하다.
한두 개도 아니고 여러 개를 사용하면 시가 위험해 진다. 뻣뻣한
시를 읽기에 관대한 사람은 소수다.
경직된 단어들이 많아도 읽기에 부담 없이 유쾌한 감정이
생긴다면 시로서 자리를 잡아간다.
그런 의미에서 과감한 시도를 해보았다.

전단지

구십이 넘은 할머니
전단지 자르고 조각내며
하루를 보낸다.

할머니는 외롭다고 하신다.
말을 걸어주는 사람도 없다.

가끔 고장 난 노트북을 닮은
내가 보인다.

창고에 가득 쌓인
중고 전자제품들 사이로
내 모습이 어른거린다.

길을 가다
형편없이 늙어버린 몸으로
간신히 삶을 이어가는 노인을 보면
눈길이 멈추어 지고 발길도 멈추어 진다.
불안한 현실과 불안한 미래가 겹치며
내 삶도 크게 다르지 않을 거라는 암시를 보게 된다.

나무가 내게 말했다

힘겹구나
너,
똑바로 서 있지도 못하고

힘들면,
내게 와서 기대고 쉬어
나는 언제나 그 자리에 있어

흔들릴 때마다 오래된 나무를 찾게 된다.
뿌리를 깊이 내리고 움직이지 못해도
그 자리를 지켜내는 묵묵함이 듬직하다.
오래된 나무에 기대어 냄새를 맡아보면
어설픈 사람냄새보다 좋고 더 큰 위로가 된다.
나무가 없이 살 수 없는 이유를 조금 알게 된다.

새벽 두 세 시 사이에 네가 있다

초판인쇄 / 2017년 10월 19일
초판발행 / 2017년 10월 27일

지은이 / 김천겸
편집·디자인 / 한도결

발행처 / 뜰
발행인 / 노소영
주소 / 서울 강서구 마곡동 757-3 보타닉비즈타워 724호
전화 / 031-851-7995
팩스 / 02-2602-7995
등록번호 / 제559-2016-000004호
홈페이지 / www.wolsong.co.kr
블로그 / blog.naver.com/wolsongbook

ⓒ 김천겸 2017
ISBN 979-11-88127-10-8 03810

* 뜰은 도서출판 마지원의 자매브랜드입니다.
• 이 책의 저작권은 저자에게 있습니다.
• 저자와 출판사의 허락 없이 내용의 일부를 인용·발췌하는 것을 금합니다.
• 책값은 뒷표지에 표시되어 있습니다.